IMPERIAL
TIMBRE

LA
SAINTE-ALLIANCE

ET

LES NATIONALITÉS

PAR LE BARON DE KRUDNER

Chacun pour soi, chacun pour tous

PARIS

AMYOT, LIBRAIRE-ÉDITEUR

8, RUE DE LA PAIX, 8

1859

A LA VILLE DE LONDRES

APOCALYPSE DE SAINT JEAN

CHAPITRE XVII, verset 18.

Et la femme que tu as vue, c'est la grande ville qui règne sur les rois de la terre.

[CHAPITRE XVIII.

1. Après cela, je vis descendre du ciel un autre ange qui avait un grand pouvoir, et la terre fut éclairée de sa gloire.

2. Et il cria avec force et à haute voix, et dit : Elle est tombée, elle est tombée, la grande Babylone, et elle est devenue la demeure des démons et le repaire de tout esprit immonde, et de tout oiseau immonde et duquel on a horreur.

3. Car toutes les nations ont bu du vin de la fureur de son impudicité, et les rois de la terre se sont prostitués avec elle ; et les marchands de la terre se sont enrichis de l'abondance de son luxe.

4. J'entendis encore une autre voix du ciel, qui disait : Sortez de Babylone, mon peuple ; de peur que,

participant à ses péchés, vous n'ayez aussi part à ses plaies.

5. Car ses péchés sont montés jusqu'au ciel, et Dieu s'est souvenu de ses iniquités.

6. Rendez-lui la pareille, rendez-lui le double de ce qu'elle vous a fait. Versez-lui à boire au double dans la coupe où elle vous a versé à boire.

7. Autant qu'elle s'est enorgueillie et s'est plongée dans les délices, faites-lui souffrir autant de tourments et d'affliction ; parce qu'elle dit en son cœur : je suis assise comme reine, je ne suis point veuve et je ne verrai point de deuil.

8. C'est pourquoi ses plaies, la mortalité, le deuil et la famine viendront en un même jour, et elle sera consumée par le feu ; car le Seigneur Dieu qui la jugera est puissant.

9. Et les rois de la terre qui se sont souillés et qui ont vécu dans les délices avec elle, pleureront sur elle et se frapperont la poitrine lorsqu'ils verront la fumée de son embrasement.

10. Ils se tiendront loin dans la crainte de son supplice et ils diront : Hélas ! hélas ! Babylone, la grande ville, ville puissante, comment ta condamnation est-elle venue en un moment ?

11. Les marchands de la terre pleureront aussi et lamenteront à son sujet, parce que personne n'achètera plus leurs marchandises,

12. Leurs marchandises d'or et d'argent, de pierres précieuses, de perles, de fin lin, de pourpre, de soie, d'écarlate, toute sorte de bois odoriférants, toute sorte de meubles d'ivoire et de bois très-précieux, d'airain, de fer et de marbre,

13. Du cinnamone, des parfums, des essences, de l'encens, du vin, de l'huile, de la fleur de farine, du blé, des bêtes de charge, des brebis, des chevaux, des chariots, des esclaves et des âmes d'hommes.

14. Les fruits que ton âme désiraient se sont éloignés de toi, et toutes les choses délicates et magnifiques s'en sont allées loin de toi; désormais tu ne les trouveras plus.

15. Les marchands de toutes ces choses, qui se sont enrichis avec elle, se tiendront loin d'elle, dans la crainte de son supplice, pleurant et menant deuil.

16. Hélas! hélas! diront-ils, cette grande ville qui était vêtue de fin lin de pourpre et d'écarlate, et qui était toute brillante d'or, de pierreries et de perles ; comment tant de richesses ont-elles été détruites en un instant ?

17. Tous les pilotes aussi, tous ceux qui sont sur les vaisseaux, les matelots et tous ceux qui trafiquent sur la mer, se tiendront loin d'elle.

18. Et voyant la fumée de son embrasement, ils s'écrieront en disant : Quelle ville était semblable à cette grande ville ?

19. Ils mettront de la poussière sur leurs têtes, et crieront en pleurant et en se lamentant, et diront : Hélas ! hélas ! cette grande ville, dans laquelle tous ceux qui avaient des vaisseaux sur mer s'étaient enrichis de son opulence, comment a-t-elle été réduite en désert en un instant ?

20. O ciel ! réjouis-toi à cause d'elle ; et vous, saints apôtres et prophètes, réjouissez-vous, car Dieu a exercé ses jugements à cause de vous.

21. Alors un ange puissant prit une pierre grande comme une meule, et la jeta dans la mer en disant : c'est ainsi que Babylone, cette grande ville, sera précipitée avec violence, et on ne la trouvera plus.

22. Et la voix des joueurs de harpe, des musiciens, des joueurs de flûte et des trompettes, ne sera plus entendue au milieu de toi ; aucun artisan de quelque métier que ce soit ne s'y trouvera plus, et le bruit de la meule ne s'y fera plus entendre.

23. La lumière des lampes n'y éclairera plus et on n'y entendra plus la voix de l'époux et de l'épouse ; parce que tes marchands étaient les grands de la terre ; que toutes les nations ont été séduites par tes empoisonnements.

24. Et que c'est dans cette ville que le sang des prophètes et des saints et de tous ceux qui ont été mis à mort sur la terre, a été trouvé.

LA
SAINTE-ALLIANCE

ET

LES NATIONALITÉS

Parmi les grands événements qui ont surgi pendant le cours de ces dix dernières années, et dont l'enchaînement inexorable a si profondément ébranlé les bases de l'équilibre politique du monde, il en est un dont le souvenir restera à jamais gravé dans la mémoire des peuples et qui, par son importance incalculable, apparaît actuellement comme l'aurore d'une ère nouvelle dans la vie de l'humanité.

La révolte des Indes, qui est loin d'avoir dit son dernier mot, est une perturbation dont il est difficile encore d'apprécier toutes les conséquences, tellement sont colossales déjà celles qui en sont résultées ; car, si on énumère les causes diverses qui ont amené l'immense crise commerciale qui a sévi sur tous les points du globe, ne faut-il pas, tout en tenant compte des saturnales de crédit et de la fureur de production du commerce anglais, prendre fortement en considération les bouleversements produits dans les transactions commerciales par les désastreux événements qui ont éclaté dans les possessions anglaises des Indes. Lorsque les nouvelles de cette catastrophe parvinrent en Angleterre, un important débouché se trouvant fermé à son commerce d'exportation, les produits de ses manufactures se portèrent en masse sur les États-Unis, vers lesquels la guerre de Perse et celle de Chine les avaient déjà fait affluer. De là provint cet encombrement de marchandises qui surchargea le marché américain, écrasa le commerce d'exportation de toute l'Europe, produisit cette immense sortie de numéraire qui donna lieu à l'explosion des banques et à la chute des fabriques américaines, et enfin entraîna ces immenses désastres commerciaux et financiers qui rejaillirent sur toute l'Europe et qui ont abouti à cet état de malaise et de désarroi qui règne encore dans les affaires et dont il est impossible de prévoir la fin ; car la possession des Indes, par l'immense quantité de numéraire qu'elle exige, donne à l'Angleterre une influence tellement considérable sur le commerce du monde entier, que toutes les nations, quoique indirectement, se trouvent plus ou moins à la merci des événements qui se passent dans cette grande artère de la puissance britannique. Quelles que soient, du reste, les améliorations qui viennent à se produire dans l'état actuel du monde commercial, cette situation ne pourra avoir que deux issues : ou l'Europe devra s'effondrer dans quelque cataclysme pire encore que celui de 1848, ou l'Angleterre devra expier par quelque immense désastre la tyrannie commerciale qu'elle exerce universellement. La concurrence industrielle la mettant, vis-à-vis du monde entier, dans la situation de deux hommes flottant sur une planche qui ne peut en supporter qu'un seul, l'un des deux doit succomber inévitablement. Qu'on ne taxe pas cette image d'exagération ! Le souvenir de 1848 n'est-il plus présent à la mémoire pour en prouver toute la justesse ?

N'était-ce point alors, lorsque l'Europe se trouva plongée, par les menées de l'Angleterre, dans les plus horribles convulsions, que le commerce anglais put se remettre de la crise de 1847 qui l'avait si fortement éprouvé? N'a-t-on point vu, dans le cours de l'année 1857, se produire les mêmes symptômes qui précédèrent l'année 1848, et n'était-ce pas attenter à la tranquillité de toute l'Europe que de patroner ces mouvements insurrectionnels que l'on a vus éclater en Italie et en Espagne en même temps que l'attentat de Pianori? Au mois de janvier 1858, ces mêmes tentatives ne se sont-elles pas renouvelées et combinées avec un attentat de la dernière atrocité? l'Europe n'a-t-elle point vu tous les efforts qu'a faits alors l'Angleterre pour produire un immense bouleversement? et lorsqu'en 1848, les classes ouvrières, jetées sur le pavé par la crise de 1847, renversaient les gouvernements en proclamant la doctrine du droit au travail, ces multitudes aveugles n'ont-elles pas vu qu'elles n'étaient que de pauvres esclaves écrasées sous le char industriel de l'Angleterre?

Les mêmes désastres et les mêmes catastrophes ne se seraient-ils pas renouvelés l'an passé, si un bras providentiel n'avait empêché la France et l'Europe de rouler de nouveau dans l'abîme? N'est-il pas évident actuellement tout ce qu'il y avait de grandeur prophétique et de génie dans la lutte que l'empereur Napoléon Ier soutint pour délivrer le monde de la plus impitoyable tyrannie qui pesa jamais sur le globe? Mais les peuples n'étaient pas mûrs encore pour pressentir le joug écrasant qui devait peser sur eux. Quand donc la lumière viendra-t-elle à se faire? Quand est-ce que les nations s'avoueront enfin qu'elles ne sont que les esclaves et les vassales commerciales de l'Angleterre ?

Napoléon Ier expiant à Sainte-Hélène la pensée trop généreuse qu'il avait eue alors de délivrer le monde de la plus impitoyable des dominations, n'apparaît-il pas aux yeux de la postérité comme un libérateur? et tout le sang qu'il a fait verser ne se trouve-t-il pas racheté par la nécessité évidente qu'il y avait de délivrer l'humanité de ce vampirisme universel ?

Est-il permis à un peuple chrétien de se comporter avec un peuple conquis comme l'Angleterre l'a fait dernièrement aux Indes ? Les tueries de sept cents et huit cents hommes exécutées de sang-froid ; le massacre de la famille royale de Delhi ; les boucheries en masse exigées par les organes de l'opinion publique en Angleterre, ne donnent-ils pas l'exemple du dernier degré auquel puisse atteindre le délire de l'égoïsme chez une nation? et après toutes ces atrocités, doit-on s'étonner de ces explosions de fanatisme musulman que l'on a vues éclater en ces derniers temps? et, en conséquence de cet état de choses, n'y a-t-il pas lieu de s'attendre de la part de l'Islamisme à d'horribles représailles contre les populations chrétiennes en Orient?

Si on envisage ensuite sous son véritable jour l'attentat dirigé il y a un an contre l'empereur et l'impératrice des Français, ne donne-t-il pas au monde entier le droit de jeter à la face de la nation anglaise la plus sanglante des accusations ?

Il n'entre point dans l'appréciation de cet horrible événement la pensée de vouloir empiéter ici sur le domaine des tribunaux ; l'élasticité de la justice anglaise sur cette matière forcerait seule de s'en dispenser ; il suffira de se demander : Si de pareilles entreprises avaient été dirigées

dans un but qui pût compromettre en quoi que ce fût les
intérêts anglais, fût-ce même contre le roi des Mosquitos,
auraient-elles trouvé en Angleterre le moyen de réaliser aussi facilement leurs sanglants projets et la faculté
de se répéter ainsi périodiquement? Il serait puéril
d'admettre une pareille supposition, et si, après tous les
attentats perpétrés en Angleterre, il a été impossible
d'empêcher celui qui s'est commis dans d'aussi infâmes
conditions, on peut dire en toute conscience qu'une
pareille tolérance équivaut à de la complicité, et si un
gouvernement a été impuissant à empêcher de pareilles horreurs, ce n'est pas à lui que la conscience universelle doit en demander compte, mais à la nation qui
se fait la protectrice de pareilles infamies.

Ne ressort-il pas d'un pareil état de choses la nécessité
évidente où se trouve l'Angleterre de produire dans le
monde quelque violente convulsion, et que cet asile ou-
vert à tous les éléments possibles de fermentation n'est
qu'un moyen d'asservir l'Europe entière aux intérêts anglais? et si, après avoir épuisé les moyens révolutionnaires
jusqu'aux dernières limites du scandale, l'Angleterre s'a-
dresse actuellement aux moyens et aux influences dynastiques pour diviser et bouleverser l'Europe, la tendance et
le résultat ne sont-ils pas les mêmes?

Le temps n'est-il pas venu pour les peuples de consul-
ter leurs consciences sur leurs véritables intérêts et de se
défaire de l'illusion que l'Angleterre est le tabernacle des
libertés civiles et nationales du monde? Le passé n'a-t-il pas
suffisamment démontré qu'elle n'a été l'amie sincère que des
pouvoirs qui se faisaient les instruments de ses convoitises?
Quant au gouvernement anglais, est-il autre chose que le
despotisme absolu d'une aristocratie qui ne conserve son

prestige et sa puissance qu'à la condition d'asservir aux intérêts des marchands anglais les intérêts de tous les autres peuples?

Cet état de choses doit-il encore se prolonger? c'est impossible! Car ce serait, pour les peuples d'Europe, se ravaler au-dessous de la condition des peuples de l'Inde.

Si on jette un coup d'œil rétrospectif sur les événements de 1848 et sur le rôle qu'a joué alors l'Angleterre, n'a-t-on point vu que les peuples n'ont été de sa part que les jouets des plus amères mystifications? L'Italie, la Hongrie et l'Allemagne n'ont-elles pas été bafouées par elle dans leurs aspirations nationales? et qu'est-il résulté de toutes ces agitations, si ce n'est le bouleversement de toute l'Europe, à la grande satisfaction du commerce anglais? Et après toutes ces soi-disant marques de sympathie pour les nationalités, n'est-ce pas le comble de la bouffonnerie que l'odieuse comédie qu'elle a jouée dans toute l'affaire du *Cagliari*, ainsi que l'infâme iniquité qu'elle a montrée dans la fameuse affaire Pacifico? Non; ce n'est point l'Angleterre qui favorisera les peuples dans la réalisation de leurs destinées. Elle n'a aucun compte à y trouver, et elle se soucie fort peu de leur développement matériel et national. C'est dans leurs consciences seulement qu'ils trouveront la lumière qui doit les conduire dans la voie du progrès et de la prospérité; et tant que l'Italie se balancera entre le radicalisme soutenu par l'Angleterre et le cléricalisme soutenu par l'Autriche, il n'y aura pour elle ni existence ni développement possible, et elle ne se débarrassera de l'étreinte qui l'enchaîne que lorsqu'elle se tournera vers le seul flambeau qui puisse la mettre dans la voie du progrès, de l'indépendance et de la prospérité.

Il en est de même de l'Espagne. N'est-ce pas un spec-

tacle scandaleux que le bourbier politique que présente
ce pays depuis tant d'années ? et n'est-ce pas douloureux
de voir ce noble peuple se débattre entre les illusions dé-
magogiques entretenues par l'Angleterre et la réaction
absolutiste et cléricale? Un pareil état de choses est-il dans
l'ordre de la nature? On peut affirmer, à en juger d'après
le passé, qu'il lui sera impossible, de même qu'à l'Italie,
de sortir de cet affreux chaos tant qu'elle ne se tournera
pas au même foyer de lumière où elle a tant puisé déjà,
mais que son orgueil national refuse de reconnaître et de
s'avouer.

Si on envisage ensuite sous son véritable jour la situation actuelle de la France, on ne peut nier qu'elle ne soit
arrivée à un degré prodigieux de splendeur politique et
matérielle ; mais on ne saurait méconnaître non plus
qu'il n'y ait dégénérescence dans tout l'organisme de
la nation, dont les facultés se replient depuis si longtemps
sur elles-mêmes.

Il faudrait, pour ranimer sa séve nationale, que la
France fût en contact plus intime avec l'Espagne, qu'elle
échangeât avec elle quelques-uns des traits chevaleres-
ques de cette grande nation contre cet esprit pratique et
lumineux des affaires, cet esprit de légalité et de modéra-
tion chrétienne qui caractérisent la nation française, en
un mot, qu'elle empruntât un peu de cette grandeur du
caractère espagnol, pour anoblir cet esprit mercantile
qui a envahi le caractère français, et qui ne fait plus de
l'existence de la France qu'une grande affaire de Bourse.

Il faudrait, en outre, que le génie de la France allât
se retremper dans les flammes du génie artistique de l'I-
talie, cette patrie des beaux-arts, et qu'il lui cédât un peu
de cette sérieuse virilité politique dont les Italiens sont si

dénués, qu'ils en sont arrivés à recourir à l'assassinat pour sortir de l'état d'abjection où ils se trouvent plongés. Quelle nation ne sortirait pas de l'amalgame de ces trois peuples? Quelles immenses ressources matérielles et intellectuelles ne jailliraient pas de la réunion de ces trois éléments, et quel magnifique ensemble ne présenteraient-ils pas pour constituer l'équilibre harmonique des grandes nationalités de l'Europe, ou, pour mieux dire, la réunion en grande famille des nations romane, germaine, slave, grecque et scandinave?

En touchant le sujet de l'union des trois grandes nations latines, on trouvera peut-être chimérique de parler d'une pareille fusion lorsque tous les grands hommes d'Occident ont échoué devant une pareille entreprise : mais ce qui est impossible aux plus grands hommes de la terre est possible au bras de Dieu. Or, le bras de Dieu, ne l'a-t-on point vu se manifester assez souvent par la volonté des peuples, lorsque cette volonté était l'expression de leur conscience nationale ? L'union de famille de Louis XIV, le plus prodigieux échafaudage politique du génie humain a-t-il fait disparaître les Pyrénées, comme il voulait bien le prétendre? Il a établi deux chaînes des Pyrénées, celle qui existait déjà, et une chaîne morale qui a divisé les deux peuples beaucoup plus qu'elle ne les a unis. Les guerres du premier Empire n'ont-elles pas creusé un abîme entre les deux peuples, malgré les immenses services que ces guerres ont rendu à l'Espagne ; mais on n'impose pas de services à un peuple malgré lui.

Quant aux mariages espagnols du roi Louis-Philippe, et bien d'autres mariages encore, ils ont suffisamment démontré qu'on ne saurait, de nos jours, baser d'alliance internationale sur un mariage princier.

L'alliance entre les nations latines ne pourra se réaliser que lorsqu'elles reconnaîtront que chacune d'elles n'est qu'une nation incomplète et qu'elle ne pourra se compléter moralement et matériellement qu'en ne faisant qu'une seule famille avec les autres nations consanguines sorties comme elle des flancs de l'Empire romain et des entrailles de l'Église chrétienne. A qui appartient-il de prendre l'initiative dans ce grand travail de fusion? N'est-ce pas à la France, cette fille aînée du christianisme, et au peuple français, ce frère aîné du genre humain actuel? N'est-ce pas à la France à mettre la première en pratique ce dogme d'égalité, de liberté et de fraternité chrétiennes dont elle s'est faite la promotrice. Ce dogme, elle ne le fera passer chez les autres peuples que lorsqu'elle respectera et admirera les autres nations comme elle veut qu'on la respecte et qu'on l'admire elle-même, et lorsqu'elle se dira la première qu'elle est une nation incomplète et imparfaite comme les autres nations. En effet, au lieu d'épuiser la jeunesse française à chercher la vie dans les décombres du passé, ne serait-il pas plus rationnel d'amener la génération actuelle à s'harmoniser et à s'identifier avec des nations vivantes et consanguines, quitte à chercher plus tard dans les monuments de l'antiquité ce qui restera éternellement la source du beau et la gloire du genre humain? Ne serait-ce pas tripler les moyens d'existence de la génération présente que de faire étudier l'italien et l'espagnol jusqu'à l'âge où l'esprit humain est assez développé pour apprécier les splendeurs de la langue latine? On trouvera sans doute ce procédé fort naïf et fort peu expéditif; il faut bien commencer par quelque chose : pour le reste, quand soixante-quinze millions d'hommes sont d'accord sur l'ensemble de leurs intérêts, il ne saurait y avoir d'entraves en ce monde pour les voir prospérer. Quelle est la part de la souveraineté dans ce travail de réunion des peuples? Le César chrétien, le César de l'Évangile, c'est le souverain qui se fait l'incarnation vivante d'un état de choses qui a sa raison d'être dans le monde politique; et tant que cet état de choses a sa raison d'être et de subsister, et que ce souverain et sa dynastie en sont la personnification vivante, c'est ce qu'il convient de nommer un pouvoir légitime.

Quant à l'Église, son rôle est assez précisément défini par les Écritures : son rôle est d'être la compagne du pouvoir dans la marche progressive du genre humain; sans son concours, le pouvoir chrétien ne saurait rien fonder de viable ni de durable; mais pour que l'Église soit aimée, vénérée et adorée comme la plus tendre des mères, il faut aussi que, comme l'épouse de César, elle ne soit même pas soupçonnée. Malheureusement, après toutes les tentatives d'usurpation politique dont une Église a donné le spectacle en ces derniers temps, n'y a-t-il pas lieu de ne voir en elle que le plus grand obstacle à l'établissement d'un état de choses rationnel dans le monde politique. Ce qui console de cette opposition d'une Église aux nécessités les plus urgentes du genre humain, c'est que l'heure de la fin de toutes ces aberrations est marquée de la manière la plus irrécusable dans les Écritures, et que cette heure ne tardera pas à sonner. Si l'on passe des peuples latins aux peuples germaniques, on ne saurait méconnaître les tendances qu'ils montrent à se constituer en une grande nationalité, tendances qui se sont exprimées d'une manière assez positive en 1848, mais qui ont avorté en vaines tentatives contre les étreintes et dans les langes du féodalisme, qui enlace encore toute l'Allemagne.

La nécessité est cependant bien évidente pour cette grande race, après le rôle plus que modeste qu'elle a joué pendant la guerre d'Orient, de se constituer en une grande nation, de s'organiser une marine et de trouver un débouché au trop-plein de sa population, sans que l'émigration perde sa nationalité. Est-ce l'Angleterre qui viendra l'aider à réaliser ces tendances, qui deviennent chaque jour plus urgentes? L'Allemagne n'a-t-elle point vu comme l'Angleterre a bafoué toutes ces aspirations, et de quelles risées elle a couvert les projets de flotte allemande. Les savants allemands se sont donné beaucoup de peine pour démontrer que leurs compatriotes sont d'origine indienne ; c'est courir bien loin pour chercher une pareille vérité ; une famille de rajahs, qu'il n'est pas besoin de qualifier pour qu'on la reconnaisse, et plusieurs autres rajahs de la même espèce, en sont une preuve assez évidente, et tant que l'Allemagne se bercera de la ridicule et chimérique idée que l'Angleterre est le palladium des libertés civiles et nationales du monde, elle ne sera la dupe que de la plus amère et de la plus abtraite des illusions. Ce n'est pas de ce côté qu'est la lumière qui doit éclairer ce grand peuple sur ses véritables intérêts ; c'est dans la conscience de sa nationalité et dans la concorde entre les religions qui font de l'Allemagne deux nations différentes, et tant que la question des cultes ne perdra pas chez elle tout caractère politique, il n'y aura pas de réunion possible entre les divers éléments germains qui se traîneront entre l'ornière des théories sociales engendrées par le néologisme politique et religieux de l'Allemagne et les exi-

2.

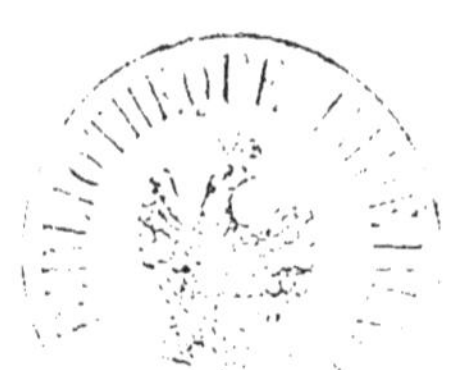

gences despotiques et antinationales de l'Église romaine.

On s'est bien récrié jusqu'à ce jour contre les débor-
dements de la puissance russe; mais ce grand peuple a-t-il
fait autre chose dans son développement que de réunir
entre eux les membres de la grande famille slave, et cet
esprit d'association selon l'affinité de race dont le tzarisme
est le vrai principe, lorsqu'il s'en fait la vivante incarnation, n'est-il pas la base de ce qui a fait la puissance et
la grandeur de la Russie.

Quant à l'inimitié profonde qui règne entre deux bran-
ches de la grande famille slave, les Russes et les Polonais,
la cause principale ne tient-elle pas à la différence des
cultes? N'est-ce pas étrange que le christianisme, ce souverain médiateur des hommes entre eux, sans considération de race ni de condition sociale, puisse être une raison
qui empêche des peuples de reconnaître leur parenté?
le jour ne viendra-t-il pas à se faire sur cette question, et
le monde n'arrivera-t-il pas à reconnaître qu'il est une
loi suprême de Dieu au-dessus de l'esprit de secte? et si le
Christ n'a pas chargé qu'un seul apôtre de répandre les
lumières de l'Évangile, de même il peut exister plusieurs
églises, mais ne formant qu'une seule famille; et si le
christianisme doit faire encore des progrès en ce monde,
n'est-ce pas premièrement dans le sens de la concorde
entre les diverses communions, qui viendra à s'établir
quand ce précepte du Christ sera mis en pratique par
tous les clergés?

Rendez à César ce qui appartient à César, rendez à
Dieu ce qui appartient à Dieu, car ce n'est que lorsque
le christianisme sera enseigné et pratiqué dans tout le
désintéressement de ses doctrines, qu'il pourra reconqué-

rir la confiance et l'autorité qu'il a perdues par des excès
et des abus en dehors de ses attributions.

Quel spectacle l'Église romaine n'a-t-elle pas présenté
en ces derniers temps, et quels résultats ne peuvent pas
produire ces tendances d'un culte à se substituer au pouvoir temporel! A-t-on oublié 1848, et n'est-ce pas la guerre
du Sonderbund qui a été le premier signal des bouleversements qui se sont projetés ensuite dans toute l'Europe?
Le temps n'est-il pas venu pour le pape de se dire que sa
puissance temporelle ne signifie pas plus en ce monde que
celle du plus humble des prêtres? Que sommes-nous
tous, chétifs humains, devant l'immense majesté de la
puissance de Dieu? Quand on songe à la distance qui
nous sépare de la voûte céleste et que la lumière de ses
astres, dans son effrayante rapidité, met des années à
parvenir jusqu'à nous, n'est-ce pas une pensée suffisamment écrasante pour ne nous considérer avec le globe que
nous habitons que comme un grain de poussière dans l'incalculable espace des cieux? et si quelque mérite peut
nous rapprocher du Créateur, n'est-ce pas l'intelligence
des préceptes divins de l'Évangile et des lois sublimes
de la création?

Or, si l'homme a été créé pour former l'élément qui
constitue la famille, si de la réunion des familles se for-
ment les peuples, les peuples aussi sont appelés à se réunir en grandes familles pour constituer l'harmonie universelle de l'humanité. Le temple de Dieu, c'est la conscience de l'homme ; les peuples aussi ont leur conscience
comme l'humanité entière aura la sienne, qui se déve-
loppera avec les progrès du christianisme, et la condition
de ce progrès est dans la concorde entre les diverses communions, qui viendra à s'établir quand elles se dépouille-

ront de toute tendance et de tout caractère politique; mais tant que le christianisme sera à la merci de l'intolérance religieuse, qui n'est le plus souvent qu'un masque sous lequel se cachent de sacriléges ambitions et d'illégales usurpations, il n'y aura pas d'équilibre religieux possible en ce monde, car les tendances envahissantes d'une Église provoqueront toujours les tendances contraires dans les autres cultes.

Quelle série de scandales n'ont pas présentée en ces derniers temps la Belgique, l'Autriche, l'Italie, la Suisse et l'Espagne! N'est-ce point le débordement d'un état de choses qui ne peut amener que les plus sanglantes commotions? et y a-t-il lieu de s'étonner de ces actes de monstrueuse intolérance qui se sont passés en Suède, si cette intolérance est la seule barrière qu'on puisse opposer à des envahissements qui ne respectent aucun gouvernement-ni aucune nationalité?

Il n'entre point dans l'idée de vouloir dogmatiser ici contre l'Église romaine; les aberrations de l'ultramontanisme ne sont pas inhérentes qu'à elle seule, mais il n'existe dans aucun culte rien de pareil au jésuitisme; et n'est-ce pas effrayant, en pensant à tous les crimes auxquels il a servi de bannière en ce monde, de voir la hardiesse et l'audace qu'il montre dans tous les pays où sa monstrueuse ambition n'a pas de frein suffisant? Les institutions constitutionnelles de la Belgique et du Piémont sont-elles une garantie suffisante contre son influence? La révolution de 1830, en montrant un souverain français préférant sacrifier l'honneur de sa couronne plutôt que de secouer le joug d'un favori et d'un confesseur, a-t-elle délivré la France de ce souffle empoisonné? Enfin, lorsqu'en 1848, le lion populaire de France fit justice de dix-huit ans de jésuitisme politique et d'abaissement national, était-ce donc pour s'infiltrer ce poison corrosif par tous les pores ? Tant qu'il ne sera pas fait justice de ce fléau qui n'est que l'incarnation de la mort spirituelle de l'homme et de tout pouvoir basé sur la conscience nationale des peuples, il n'y aura pas d'équilibre moral ni politique dans le monde ; car, comment s'étonner s'il y a des associations politiques qui professent le crime ouvertement, quand il existe une doctrine religieuse qui est le plus grand crime qui ait jamais été commis sur la terre, l'assassinat de la conscience.

D'effrayantes calamités et des horreurs sans nom affligeront l'Europe et l'humanité s'il n'est mis un terme à ce despotisme envahissant du jésuitisme qui est, dans le monde spirituel, ce que le despotisme de l'Angleterre est dans le monde matériel, aussi ne les voit-on point s'éprendre l'un pour l'autre de ces accès de tendresse qui n'ont pour but que de se livrer mutuellement le cadavre spirituel et matériel du genre humain, et n'est-ce pas sous cette image que l'on voit se former ces pactes clandestins qui surgissent entre l'Angleterre et l'Autriche, cette incarnation vivante du jésuitisme ; car l'Autriche oserait-elle ce qu'elle ose tous les jours et ce qu'elle a osé tous ces derniers temps, si elle n'était pas soutenue tacitement par l'Angleterre, cette éternelle auxiliaire de tout ce qui peut livrer le monde au meurtre et à la désolation. N'est-ce pas aussi sous cet emblème qu'on les voit si bien peintes toutes les deux, lorsque saint Jean, dans sa sublime révélation de l'avenir, nous montre cette grande prostituée assise sur sept collines, et sur cette grande monstruosité qui, depuis si longtemps, est la cause de tant d'erreurs du genre humain et de calamités sur la terre ? et cette image ne montre-t-elle pas emblématiquement l'influence que l'Autriche et le jésuitisme exercent actuellement sur la papauté? Où peut être le remède contre ce cancer du christianisme? qu'est-il advenu au pape Clément XIV pour avoir voulu en délivrer la chrétienté?

La révolution de 89 et Napoléon 1er, en faisant passer le foyer du christianisme en Occident, de Rome dans la législation française, ont été assez puissants pour faire disparaître pour quelque temps, les effets de ce poison corrupteur. Mais, lorsque le grand Empereur eut glorifié par le martyre de Saint-Hélène, et par la mort de son fils, la lutte héroïque qu'il avait soutenue contre ces deux monstruosités qui s'abreuvent de l'existence spirituelle et matérielle du monde, cette lèpre envenimée ne s'est-elle pas répandue plus fort que jamais?

Il faudrait être bien hardi à un homme, à une institution ou à un souverain, de vouloir la combattre : le cri de la conscience universelle indignée jusqu'aux profondeurs de l'âme pourra seule en délivrer le monde.

Les audacieuses prétentions dont les coryphées du jésuitisme ont fait parade en ces derniers temps ne montrent-elles pas suffisamment des exigences qui ne sont autre chose que l'avilissement, l'asservissement et le régicide moral le plus complet de la souveraineté? Si on énumère en outre tous les crimes dont le jésuitisme s'est rendu coupable envers les peuples, oublie-t-on qu'il a vendu et prostitué la France à l'Angleterre, vendu la Pologne à la Russie après avoir fait ravager la Russie par la Pologne, vendu l'Irlande à l'Angleterre? Y a-t-il une nation chrétienne qui n'ait été vendue et trafiquée par lui? N'est-ce pas lui, à l'heure qu'il est, qui prostitue toute l'Italie à l'Autriche? N'est-ce point quand il s'est emparé comme un vampire de l'âme de Louis XIV, que la France a commencé à décliner ? Ne sont-ce point ses doctrines qui ont engendré cette putréfaction morale qui provoqua le déluge de sang de 93 ? et ne peut-on pas dire du grand Pascal, qu'il a été le prophète de cet affreux cataclysme ?

Le temps serait-il venu pour le monde de tomber sous cette monstrueuse influence ? Ce serait marcher à grands pas vers des horreurs telles que le monde n'en a jamais vues ; car, lorsque l'âme humaine est violentée, elle se jette dans ces aberrations mentales d'où sont sortis le socialisme et le communisme, les deux plus grandes injures qu'on puisse infliger à la liberté et à la dignité de l'homme.

On trouvera peut-être étrange au milieu des immenses préoccupations matérielles qui font actuellement toute l'existence des nations, d'attribuer à une influence aussi occulte que celle du jésuitisme, de pouvoir être une cause de ruine et de bouleversement universels. Mais, dans les conflits industriels qui surgissent actuellement entre les peuples, lorsque les victimes de la lutte se trouvent privées des moyens d'existence, ne serait-ce pas à l'Église à élever la voix pour venir en aide à ceux que des circonstances en dehors de toute prévision humaine viennent à laisser sans ressource ? Comment une Église peut-elle se faire l'interprète d'une pareille cause, lorsqu'elle s'appuie sur une doctrine qui n'est qu'une exploitation morale et matérielle de l'homme ; qu'un moyen de trahison politique, d'asservissement et de dégradation humaine.

Qu'on ne taxe point ces réflexions d'être exagérées ; le meurtre de l'archevêque Affre ne montre-t-il pas à quel degré est descendu le respect pour l'Église dans les classes ouvrières en France ? Quant au meurtre de l'archevêque Sibour, on ne se permettra qu'une réflexion à ce sujet : on reconnaît un dogme, comme un arbre, à son fruit.

Les temps sont venus où l'équilibre matériel et moral doit s'etablir en ce monde ; mais cette condition de prospérité universelle ne pourra se réaliser tant qu'une asscciation politique pourra, sous le manteau de l'Église, se jouer de la destinée des peuples afin d'assouvir sa monstrueuse ambition, et tant qu'il y aura une nation qui ne pourra établir sa prospérité que sur la ruine et le bouleversement de tous les autres peuples.

Lorsqu'après la tourmente de 93, Napoléon Ier rétablit, en France, l'ordre, la prospérité et la religion sur leurs bases légitimes , quelles furent les entraves qui empêchèrent la paix de se rétablir ? ne sont-ce point les intrigues jésuitiques de l'Autriche qui furent le foyer de toutes les coalitions, soutenues qu'elles étaient par l'implacable inimitié et l'inassouvissable avidité de l'Angleterre ? et si la Russie fut dans l'impossibilité de concourir plus longtemps qu'elle ne le fit au système continental, qui alors lésait les conditions mêmes de son existence, ' n'est-ce pas l'implacable acharnement de l'Angleterre qui faisait de ce système la seule arme dont Napoléon pût se servir ? L'Europe se souleva et renversa celui qui l'avait si cruellement violentée, mais elle ne s'aperçut pas qu'elle renversait un libérateur. Les convulsions de 48 et la dernière crise commerciale n'en sont-elles pas des preuves assez évidentes ? les yeux des peuples ne s'ouvriront-ils pas à la réalité ? et si, dans l'état de développement incomplet où se trouvaient encore les nations, la Sainte-Alliance des rois a été le seul symbole qui pût rétablir la paix après la lutte sanglante qui avait désolé l'Europe, la Sainte-

Alliance des peuples ne doit-elle pas s'organiser pour renverser la double tyrannie que l'Angleterre et l'Autriche font peser sur le monde? Or, cette grande alliance ne pourra se réaliser que lorsque les peuples s'associeront entre eux, selon leurs véritables intérêts et selon les conditions rationnelles de leur développement national.

Alors seulement pourra se résoudre l'immense problème de la question d'Orient et se partager l'héritage destiné aux nations que leur humanité a rendu dignes de transmettre dans le monde le flambeau de la foi et de la civilisation chrétiennes.

Dans ce grand travail de fusion, quel sera l'avenir de la race anglo-saxonne? N'est-il pas évident, après l'effroyable crise commerciale qui a si violemment éprouvé les États-Unis, que leurs rapports commerciaux avec l'Angleterre ne sauraient subsister sur les mêmes bases que dans le passé, à moins de vouloir se livrer à la ruine la plus complète? L'Amérique du Nord étant devenue un pays industriel, et cette industrie se développant chaque jour dans des proportions colossales, il existe un antagonisme violent avec l'industrie anglaise, à la suite duquel l'une des deux devra succomber inévitablement, où l'un des deux pays deviendra infailliblement la dépendance de l'autre. Il est peu probable que les États-Unis redeviennent une possession anglaise, et après tous les actes de profonde humilité dont l'Angleterre a donné le spectacle en ces derniers temps vis-à-vis des États-Unis, il n'y a pas loin d'une pareille contenance à un vasselage complet.

Outre la question industrielle, il en est encore une autre devant laquelle l'existence des deux pays se trouve en présence, c'est celle de l'esclavage.

Avec quel acharnement de charité l'Angleterre n'a-t-elle pas redoublé d'efforts pour la cause des noirs en ces derniers temps ? Cette cause serait bien noble si sous cette bannière ne se cachait le plus grand des égoïsmes et la plus flagrante des hypocrisies ; n'est-ce pas vouloir renverser un esclavage pour en faire prospérer un autre qui n'est certes guère plus humain : celui des Indes ?

L'esclavage est une triste condition de l'homme ; mais n'est-ce pas l'état par lequel tous les peuples ont passé avant d'arriver à la liberté ? La France, le pays le plus chrétiennement libre du globe, grâce à sa législation, n'a-t-elle pas mis dix-huit siècles à conquérir cette liberté, et ceci, au prix de combien de sang et de combien d'épreuves ?

Le commencement de la vie humaine n'est-il pas un état d'assujettissement, et n'est-il pas à plaindre, celui qui a été livré trop tôt à la liberté et à ses conséquences ?

Une femme de cœur et d'esprit a fait un portrait touchant de la race nègre assujettie ; mais le développement moral qui s'y trouve dépeint n'est-il pas la conséquence même de cet état d'épreuve ?

C'est par l'épreuve que l'homme se perfectionne en ce monde, c'est par de longues épreuves que la race nègre entrera de plain-pied dans la communauté des autres peuples. Qu'on n'attribue pas à cette pensée l'intention de vouloir préconiser l'esclavage, la plus triste condition où puisse descendre la nature humaine ; mais il est des circonstances d'abaissement moral qu'engendrent à leur suite certaines conditions physiques. On peut, sous certains rapports, comparer le globe à un immense navire dont l'humanité entière compose l'équipage, et chaque homme y a son rôle inscrit selon ses facultés morales et physiques qui le rendent solidaire de tous les autres hommes.

Les régions tropicales ne peuvent être mises en exploitation que par une race d'hommes capable de supporter le travail sous le climat torréfiant de la zone équinoxiale, mais que les ardeurs de ce climat ont mis en même temps dans un état de développement moral bien inférieur à la plupart des autres races humaines; et si cette race doit sa part de travail au genre humain, l'humanité lui doit aussi la part d'égards que mérite le titre d'homme, ce dont l'esclavage des États-Unis ne veut tenir aucun compte en ne faisant de l'esclavage qu'une pure spéculation commerciale.

Ce n'est donc pas l'esclavage qu'il faut abolir, mais la traite et l'esclavage qu'il faut humaniser et christianiser. Pleurera-t-on bien fort à Paris, lorsque le sucre se payera 50 centimes la livre? c'est peu probable. Laissez alors l'esclavage à ceux qui comportent encore l'esclavage, et donnez la liberté à ceux qui sont dignes de la liberté. Si deux puissances chrétiennes n'étaient point intervenues dernièrement dans les affaires du Monténégro, croit-on que toutes les forces de l'empire turc seraient parvenues à réduire ce pays à la servitude ; avec l'Autriche même pour auxiliaire, elles n'y seraient pas parvenues. Quand un peuple est fort de sa conscience nationale, aucune puissance humaine ne pourrait le réduire à un état de choses qu'il ne saurait supporter.

Néanmoins, la liberté nationale comme la liberté individuelle ne sont pas des données suffisantes pour assurer l'existence d'un individu ou d'un peuple. Le principe d'association, qui est le cachet le plus indélébile de la civilisation chrétienne, n'a-t-il pas produit assez de merveilles en ces derniers temps pour que le monde voie enfin que ce n'est qu'en lui qu'est la loi de progrès et de prospérité universelle, et que ce n'est qu'en se complétant les unes les autres, moralement et matériellement, que les associations humaines qui portent le titre de nations réaliseront ce commandement suprême de Dieu et qui renferme en lui tout le christianisme ?

Aimez-vous les uns les autres, et Dieu par dessus tout.

Et les souverains qui se feront les promoteurs de ces alliances des peuples, selon leurs nécessités et leurs affinités nationales, seront les vrais Césars chrétiens et les vrais souverains légitimes.

L'Europe et le monde sont à la veille d'immenses événements.

Le noble cœur de la France, dont la générosité a été la marraine de plusieurs nationalités, et même, pour une d'elles, au détriment de ses intérêts les plus naturels ; la France, qui a fait éclore la nationalité américaine, qui a aidé la Grèce à sortir de son tombeau, qui a fait surgir la Belgique comme nation, au détriment de ses intérêts les plus positifs ; la France ne voit pas, sans que son cœur saigne, une nation consanguine profanée par le plus honteux des asservissements.

La France doit-elle émanciper ce pays qui s'arrache sa propre conscience, pour donner à une influence temporelle cachée sous le pouvoir ecclésiastique le droit de régenter le monde ? N'est-ce pas à ce pays profané qu'on peut appliquer ces paroles de l'Écriture ; celui qui traînera en esclavage, sera lui-même traîné en esclavage ! Car l'Écriture ne conteste qu'un seul esclavage, l'esclavage spirituel qui engendre à sa suite l'esclavage temporel. Et la France ne s'est-elle pas vue obligée de se faire le premier et le plus ferme soutien de cet esclavage d'une fausse doctrine sous laquelle la papauté elle-même se trouve enchaînée, et qui a fait tant d'efforts pour éloigner d'Italie l'influence civilisatrice de la France chrétienne et y implanter l'influence cadavérante de l'Autriche ?

Non, la France ne devrait pas encore secourir l'Italie. Les Italiens n'ont-ils pas accueilli en 1815 les Autrichiens comme des libérateurs, et des soldats du Christ, n'ont-ils pas préféré un morceau de pain trempé dans la volupté (pour se servir de l'expression d'un jésuite, adressée à la France actuelle), plutôt que d'accepter de la France un peu de cette virilité politique qui leur manque? Quand la France, sous Napoléon Ier, leur apporta la vraie civilisation chrétienne, ne l'ont-ils pas considérée comme le fruit de l'athéisme et de la tyrannie? Ne serait-ce point que lorsque les Italiens ne considéreront les Français que comme des frères et des compatriotes, et non comme des païens et des asservisseurs, que la France devrait tirer sa noble épée ?

Toute l'Italie a les yeux actuellement tournés vers le Piémont. N'est-ce pas le comble de l'aveuglement et de l'ingratitude? Le Piémont n'est-il pas à la tête de l'Italie que parce qu'il est à moitié Français? tout ce qui a mis le Piémont en avant des autres peuples d'Italie, n'est-il pas une imitation et une copie de la France? Qu'irait-donc faire la France en Italie actuellement? Serait-ce la même chose qu'en Belgique? Emanciper une nation pour en être remerciée par la plus parfaite indifférence? Car, est-il un pays au monde où la France soit moins aimée qu'en Belgique, qui, elle-même, n'est qu'une contrefaçon de la France, mais qui, sans nul doute, ne tardera pas à réaliser l'histoire de la grenouille qui veut se faire aussi grosse que le bœuf, à moins qu'elle n'entre tout entière dans un couvent.

Pourquoi la France irait-elle se mêler d'une affaire dans laquelle, selon toutes les probabilités, elle ne serait considérée que comme une usurpatrice ? Puisqu'un pouvoir spirituel se sent assez fort pour se soutenir par sa propre puissance, et même pour protéger un souverain étranger qui se fait l'oppresseur de toute une nationalité, certes, ce qu'il y aurait de plus logique de la part de la France serait bien d'abandonner ce pouvoir à ses propres forces, puisqu'il en est si sûr.

Le pape a envoyé dernièrement à Vienne un légat avec le titre de *Protector Austriæ*. Si l'Autriche, sous le souffle de Dieu, vient à disparaître comme en 1848, serace le cardinal Antonelli, commandant en chef de l'armée romaine, qui remettra le quasi-César allemand sur son trône ? et ne serait-il pas vraiment convenable, dans les circonstances actuelles, de laisser s'accomplir ce prodige ?

L'empereur Napoléon III a dit : L'Empire c'est la Paix. Certes, dans les circonstances actuelles, on ne pourrait prétendre que ces mémorables paroles puissent être la solution des difficultés présentes, difficultés qui datent de trop loin, qui sont trop nombreuses et trop insurmontables pour qu'elles puissent être aplanies autrement que par la force des armes ; mais pour que, dans un avenir prochain, cette qualification de l'Empire français devienne une vivante et durable réalité, ne pourrait-on point dire à son sujet qu'il n'eût pas été sans à-propos de l'appliquer actuellement dans toute sa rigueur, et même d'abandonner pour quelque temps l'Italie à son fameux : *Italia fara da se ?* Est-il possible de s'attendre à ce que les pourparlers de Vienne aboutissent à quoi que ce soit de satisfaisant, et tout ce que la diplomatie pourra imaginer ne sera-t-il pas le plus illusoire des palliatifs ? Peut-on faire cesser le vampirisme de l'Autriche en Lombardie sans porter le coup de grâce à l'Autriche elle-même ? et consentira-t-elle jamais, ainsi que le gouvernement papal, à régulariser franchement un état de choses qui fait la base même de leur existence ?

Aucune symphonie de l'illustre Verdi, ainsi qu'aucun mariage princier, ni ceux de Naples, ni celui de Turin, ne sauraient non plus sauver l'Italie de son abjection politique dont elle ne sortira que lorsqu'elle reconnaîtra qu'elle est une nation incomplète et qu'elle ne verra, dans la France, qu'une partie d'elle-même et une sœur légitime ; et elle n'y sera amenée que lorsque la France l'abandonnera complétement à l'infâme bourbier dans lequel elle se trouve plongée. Lorsque l'Italie sera foulée encore et meurtrie, alors elle verra sans doute que le seul salut qui lui reste est de s'allier avec la France par les liens indissolubles de la liberté, de l'égalité, de la fraternité chrétiennes et non socialistes, le seul symbole au nom duquel les peuples puissent s'allier de nos jours entre eux. Quand l'Italie demandera grâce à la France de l'avoir méconnue et reniée, lorsqu'elle reconnaîtra son impossibilité complète, non-seulement à se délivrer elle-même, mais encore à vivre de sa propre existence, alors que la France entière coure aux armes pour la délivrer. Mais, tant que ce cri de douleur et de désespoir n'aura pas retenti d'un bout à l'autre de la

Péninsule, la France, qu'on excuse l'expression qui est prise ici dans le sens le plus évangélique, serait bien certainement la moins spirituelle des nations de s'engager dans des affaires où elle ne trouverait peut-être qu'insouciance, sinon ingratitude et trahison.

Dans l'état actuel de l'Europe, quelles sont les nécessités les plus urgentes des peuples? N'est-ce point de voir diminuer les immenses charges gouvernementales qui pesent sur eux? Or, le plus simple moyen d'arriver à ce résultat, n'est-ce pas de répartir ces charges sur le plus grand nombre de citoyens possible? Une armée de trois cent mille hommes ne serait-elle pas suffisante pour représenter un état de choses qui en lui-même n'est actuellement qu'une source d'inquiétudes et de délire politique, et que huit cent mille hommes en armes ne peuvent même pas faire subsister, car l'Italie, la France et l'Espagne n'ont-elles pas actuellement plus de huit cent mille hommes sous les armes ?

La seconde nécessité des peuples n'est-elle pas de voir tomber les barrières internationales pour faciliter les communications commerciales? Que ces entraves tombent complétement entre la France, l'Espagne et l'Italie, et chaque industriel de ces trois pays ne verra-t-il pas doubler le nombre de ses consommateurs? Les chemins de fer, cette grande artère de la vie des peuples modernes, ne verront-ils pas leur prospérité et leur activité s'augmenter? Enfin, sous le rapport intellectuel, ne verra-t-on pas surgir de nouveau ce qui a fait du siècle de Louis XIV un miracle de splendeur et de génie ?

N'est-ce pas du contact des trois grands peuples latins qu'est sortie cette forêt d'illustrations en tout genre qui fera éternellement la gloire de la France? N'est-ce pas

après que l'espagnol et l'italien ont été parlés à la cour
de France que s'est épanouie définitivement la langue
française, la langue universelle par excellence? Mais si
elle mérite ce beau titre, elle ne doit pas méconnaître ni
oublier ses origines, et c'est en se maintenant continuel-
lement à la source même de ces origines, qu'elle évitera
de tomber dans le vulgarisme où on la voit s'abaisser
en mainte production.

Ce qu'on vient de se permettre d'avancer au sujet des
trois grandes nations latines ne présente-t-il pas le
même phénomène et les mêmes nécessités matérielles et
intellectuelles chez les races germaine, slave, grecque
et scandinave? Il est dans les sociétés humaines une loi
de polarisation qu'on ne saurait méconnaître et contre
laquelle aucun intérêt dynastique ni religieux ne saurait
prévaloir, et toute influence qui s'opposera à cette loi de
réunion des peuples selon leurs tendances et leurs nécessités les plus naturelles sera brisée sans miséricorde, et
les nations et les souverains qui se feront l'incarnation et
le foyer de cette loi d'organisation harmonique des peuples seront les vrais instruments de Dieu pour l'accom-
plissement de son règne sur la terre. Ce n'est, en effet,
que lorsque l'Europe sera organisée en puissantes familles,
qu'elle pourra prendre sous sa tutelle les peuples qui sont
encore en dehors de la grande loi du christianisme ; car
on n'est clément et miséricordieux que lorsqu'on est fort,
et on ne peut prendre en tutelle que lorsqu'on n'est plus
soi-même sous tutelle ; alors, seulement pourra se résoudre l'immense et colossal problème de la question d'Orient,
car de pareils intérêts ne peuvent se vider qu'au nom de
la justice et de la prospérité universelles.

On verra sans doute se dresser derrière cette pensée

3.

le fantôme du panslavisme, il serait difficile de s'en dé-
fendre ; mais le principe de droit international actuel,
transporté au grand principe de race, ne présente-t-il pas
des garanties suffisantes en lui ? Il est, en outre, avec le
principe de réunion des peuples selon l'affinité de race,
de même qu'avec le ciel, des accommodements ; ainsi, il
est évident, que chez certains peuples, les nécessités des
exigences matérielles, engendrées par leur position topo-
graphique, doivent l'emporter sur les nécessités nationales et intellectuelles. La Bohème, quoique slave, par
exemple, ne saurait faire partie intégrante de l'empire
russe : ses exigences matérielles la rattachent beaucoup
plus au grand système allemand ; mais tout en satisfaisant
à cette exigence locale, ne serait-il pas désirable qu'un
pays, dans de pareilles conditions, puisse contribuer sans
entraves à l'épanouissement intellectuel de la grande race
à laquelle il appartient. De même entre les races comme
entre les individus, on ne saurait nier qu'il n'existe de
l'inégalité sous le rapport des dons et des facultés natu-
turelles, et cette inégalité se traduit dans le monde politique par des acquisitions matérielles ; ainsi les provinces
allemandes de France sont l'expression matérielle de la
supériorité des talents politiques des souverains et de la
nation française sur les peuples allemands, et il serait
puéril de revenir sur de pareils antécédents ; ce qui
prouve combien ces acquisitions sont entrées dans l'organisme de la France, c'est que dans ses plus mauvais
jours jamais mouvement antinational ne s'y est produit ;
ce qu'on ne saurait dire au sujet des provinces allemandes
qui sont sous le régime danois et qui ont eu à souffrir tant
d'injustices et d'iniquités. Il est encore des pays, comme
la Hollande, dont la sublime originalité ne saurait se

fondre avec d'autres nationalités, et ce serait un délit de lèse-création que de faire disparaître une pareille individualité nationale dont le génie a rendu de si grands services au genre humain.

Ce qui se passe actuellement en Servie, aux îles Ioniennes et dans les Principautés, ne montre-t-il pas suffisamment ce que signifie la conscience populaire? et ne serait-ce pas se jouer des lois mêmes de la création que de s'opposer à ces manifestations de la volonté des peuples? L'élection du prince de Roumanie et la réunion des deux Principautés ne sont-elles pas un exemple frappant de ce travail de fusion des peuples qui s'opère malgré tant d'oppositions malveillantes ?

Les Principautés danubiennes présentent trois particularités bien marquées : par la race, elles appartiennent à la grande famille romane ; par leur position sur le Danube, elles se rattachent au grand système commercial allemand, et par la religion, elles appartiennent à la grande Église d'Orient. La nouvelle ère qui s'ouvre pour ce pays naissant, que sa situation géographique a mis à la merci de tant de circonstances arbitraires, lui permettra de satisfaire pleinement à ces trois grandes nécessités nationale, commerciale et religieuse qui doivent faire la base de son existence future.

Enfin la dernière et bien urgente nécessité des peuples n'est-elle pas de voir tomber cette immense et monstrueuse tyrannie commerciale et maritime que l'Angleterre exerce sur le monde entier? Ne la reconnaît-on pas assez clairement dans cette qualification apocalyptique de la grande prostituée assise sur les grandes eaux ? N'est-ce pas la domination universelle de son or qui est l'entrave la plus forte à toute organisation pacifique de l'Eu-

rope ? Mais l'heure de la chute de cette monstruosité into-
lérable est marquée de la manière la plus irrévocable
dans les saintes Écritures, et malgré sa toute-puissante
marine, cette hideuse tyrannie, ainsi que celle que repré-
sente l'Autriche, sont à la veille de sombrer dans le plus
terrible naufrage dont le genre humain ait jamais vu le
spectacle.

En contestant plus haut à la France l'opportunité de
secourir l'Italie en ce moment, qu'on ne croie pas à la
prétention de vouloir arrêter un mouvement généreux de
la nation française. Le droit de l'honneur, de la gloire et
de la générosité est le droit de tous les hommes, de toutes
les nations; mais qui pourrait affirmer qu'il n'en serait
pas de même actuellement, avec la France, que ce qui a
eu lieu avec les Sardes en Lombardie ? et ne serait-ce pas
une manifestation de l'Italie entière, analogue à celle qui
vient de se produire dans les principautés, qui pourrait
seule résoudre cette question? Quand la conscience de
l'Italie aura parlé, que la conscience de la France lui
réponde, et certes cette réponse ne saurait se faire attendre. Alors, que la France tire l'épée pour consacrer le
droit de Dieu. lorsque se sera fait entendre SA VOIX,
devant laquelle tous les congrès, tous les traités et
toutes les influences, quelles qu'elles soient, devront bien
s'incliner, et si cet écrit pouvait en quoi que ce soit, contribuer à provoquer cette manifestation de la conscience
d'un peuple asservi, il aurait rempli un vœu émanant de
la conviction sincère, que la civilisation chrétienne est
avant tout le droit des hommes et des peuples de disposer
de leur existence, selon leurs propres convictions, lorsque
ces convictions sont basées sur les sentiments les plus
naturels et sur les lois mêmes de la création.

On se demandera sans doute par quel procédé pourrait
se produire une manifestation de l'Italie entière. Les peuples sont-ils donc des sourds et muets actuellement? Lors
de l'attentat d'Orsini, les Italiens se sont-ils gênés pour
exprimer leur satisfaction, et si la manifestation des da-
mes piémontaises n'était point venue ôter un peu de l'horreur de cette démonstration en faveur du plus atroce des
attentats, cet acte criminel ne serait-il pas resté comme
le plus odieux stigmate sur le nom italien? Qu'on ne sup-
pose point ici la prétention de vouloir jeter l'opprobre
sur la nation italienne. Si de nombreux régicides sont
sortis de son sein en ces derniers temps, ceci ne démon-
tre qu'une chose : jusqu'à quel point est devenu intolé-
rable l'état de l'Italie ; et si cet état de choses est odieux,
on ne saurait dire qu'il soit inexplicable. Lorsque l'on
voit une influence temporelle cachée sous une influence
cléricale se faire l'intermédiaire entre l'oppression étrangère et la conscience d'un pays, y a-t-il lieu de s'étonner
si ce pays tombe dans de pareils excès; et si la nation qui
subit un pareil régime a encore un restant de conscience,
ne serait-ce pas actuellement qu'elle devrait le montrer,
si elle veut échapper à la plus terrible épreuve par laquelle
un peuple puisse passer : l'impuissance devant une oppression étrangère !

On trouvera peut-être fort révolutionnaire ce qu'on a
dit plus haut concernant l'Autriche : « Si elle vient à disparaître comme en 48 sous le souffle de Dieu. » Dans ce
cas, qu'on veuille bien plutôt adresser cette épithète à
l'Autriche elle-même. Car s'il est dans le monde une puissance révolutionnaire, c'est bien cette monstruosité hy-
bride et si anormale, qu'il n'a fallu rien moins que l'inva-
sion de l'islamisme pour l'enfanter et la légaliser aux

yeux du monde chrétien. Mais si l'Autriche a eu sa raison d'être lorsqu'elle se faisait le boulevard de la chrétienté contre l'islamisme, il y a longtemps qu'elle n'est plus que le boulevard de l'islamisme contre la chrétienté. Où était son pavillon lors du combat de Navarin ? Quel rôle a-t-elle joué pendant toute la guerre d'Orient et dans les affaires du Monténégro ?

Heureusement que par l'attitude martiale qu'elle se donne actuellement, elle s'enfonce elle-même le poignard dans le cœur. L'Autriche pourra-t-elle, en effet, exister bien longtemps à ce régime de six cents mille hommes sous les armes, et ne suffirait-il pas de la laisser pendant un an à cet excellent régime pour la voir disparaître comme par enchantement, à moins qu'elle ne se fasse aider de nouveau par l'Angleterre. Cette autre monstruosité politique, sans doute dans son amour pour les traités, ne demanderait pas mieux que de le faire ; mais au milieu des difficultés intérieures et extérieures qui l'affligent, pourrait-elle raisonnablement se permettre un pareil luxe ?

L'Autriche est mourante et bien mourante. D'après les apparences, elle se prépare à rendre le dernier soupir le plus noblement possible. Ce n'est donc pas à ressusciter que doit penser l'Italie, mais c'est à vivre, et ce n'est qu'en mettant sa main dans la main de celle qui doit la sauver, qu'elle redeviendra une des plus brillantes personnalités nationales du genre humain. Qu'on ne croie pas cependant, par cette idée, prétendre que l'Italie doive devenir un domaine de la France. Ce ne pourrait et ce ne saurait être l'idée de la France ; mais si cette grande nation doit sacrifier le plus pur de son sang et des centaines de millions pour faire revivre l'Italie, ne semble-t-il pas que ce pays devrait aussi comprendre que ce n'est qu'en empruntant à la France ce qui lui manque moralement pour exister à l'état de peuple libre, et en contribuant pleinement et sans entraves à la prospérité matérielle et intellectuelle des deux peuples; que ce n'est enfin qu'en mettant pleinement et entièrement son sort entre les mains de la France, qu'elle pourrait compter sur le plus loyal, le plus généreux et le plus puissant des concours.

Qu'on pardonne à une voix en dehors de toute influence gouvernementale d'oser exprimer aussi hardiment ses opinions; mais, en ces derniers temps, il a été souvent parlé de la Sainte-Alliance, en la considérant comme le sceau de la servitude des peuples au profit des intérêts dynastiques. Si tel est devenu un pacte qui n'avait rien en lui de spécialement politique, mais qui avait plutôt un caractère tout religieux, c'est grâce à la prééminence que l'Autriche a prise dans le conseil des souverains. Ce qui prouve combien l'esprit de ce contrat n'était point l'asservissement des nationalités, c'est qu'une personne qui a contribué à la rédaction du pacte mémorable, sous l'égide duquel, au reste, l'Europe a joui d'une si longue période de paix et de prospérité, a expié, par une disgrâce complète, de s'être fait l'apôtre le plus fervent de l'émancipation de la Grèce.

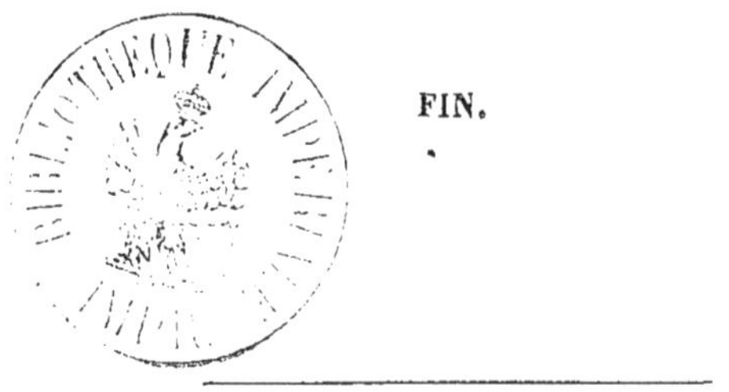

FIN.

PARIS. — Imp. de L. TINTERLIN et Ce, rue Neuve-des-Bons-Enfants, 3.